Cahier d'activités
Français Langue Étrangère

Claire Quesney
María Roig Escurís
Manuela Ferreira Pinto

Coordination pédagogique
Philippe Liria, Lourdes Muñiz

Illustrations
Marie-Laure Béchet

Editions Maison des Langues, Paris

zoom 3

Je comprends les consignes pour bien utiliser mon cahier !

 j'écoute    je lis    je parle   j'observe

 j'écris    je chante    je montre    j'associe    je fabrique

Je retravaille les contenus du livre de façon ludique.

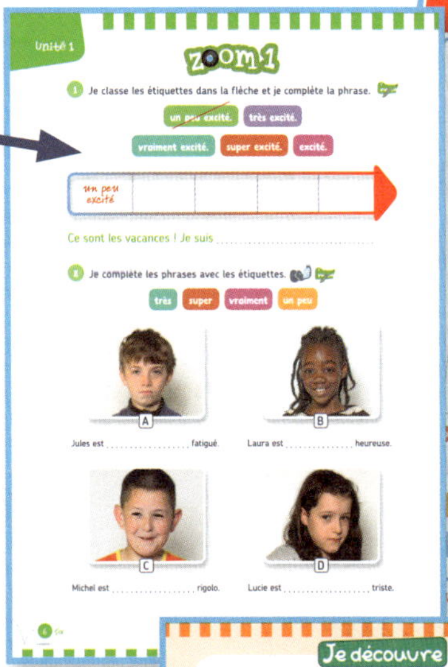

J'évalue mes progrès avec des activités spécifiques et une grille d'auto-évaluation.

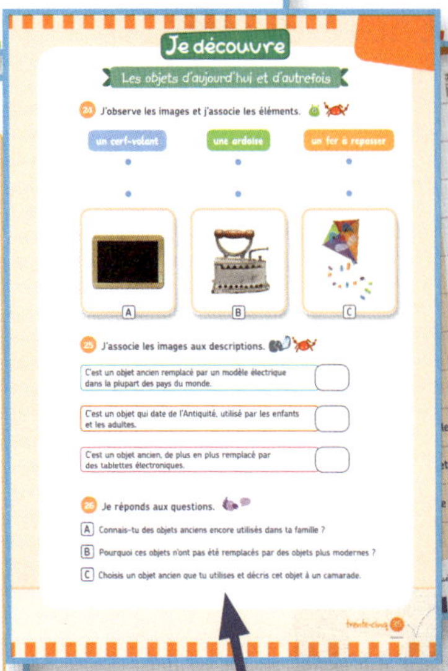

Je retravaille le vocabulaire avec des activités spécifiques.

Je découvre les cultures du monde entier.

J'apprends le vocabulaire grâce au glossaire illustré.

2 deux

MON CAHIER

Je m'appelle ....

J'ai .... ans.

Je colle ma photo.

trois 3

Alors, ton français ?

1 Je relie les étiquettes aux endroits correspondants du dessin.

le fleuriste — un restaurant — une rue — la mairie — la Poste

un cinéma — une pharmacie — une poissonnerie — un jardin public

2 J'associe les éléments entre eux.

vous — il / elle — tu — je — ils / elles — nous

a aimé — font — voulez — préférons

préfères — avons vendu — prends — peut

peux — va — ont fait — me couche

3 Je dis ce que je fais à ces moments de la journée.

08:15 — 12:00 — 17:00 — 22:00

4 J'écoute et je note le numéro du dialogue sous le dessin correspondant.

5 Je complète le tableau.

le bingo — l'été — un bonnet — un magasin — un panda — la pêche à la ligne

un musée — en bus — l'automne — un anorak — à vélo — un loup

des vêtements	des animaux	des jeux de la kermesse
....	....	....
....	....	....

des moyens de transport	des lieux de la ville	des saisons
....	....	....
....	....	....

6 J'écris les nombres en lettres et je découvre le nombre caché.

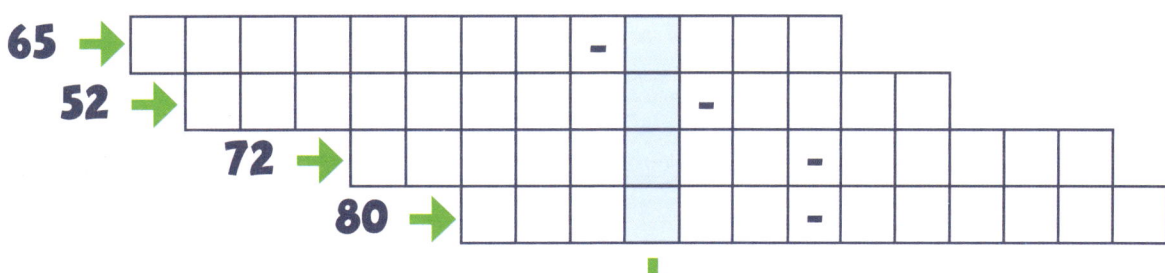

cinq **5**

Unité 1

zoom 1

1 Je classe les étiquettes dans la flèche et je complète la phrase.

~~un peu excité.~~   très excité.

vraiment excité.   super excité.   excité.

| un peu excité | | | | |

Ce sont les vacances ! Je suis ....

2 Je complète les phrases avec les étiquettes.

très   super   vraiment   un peu

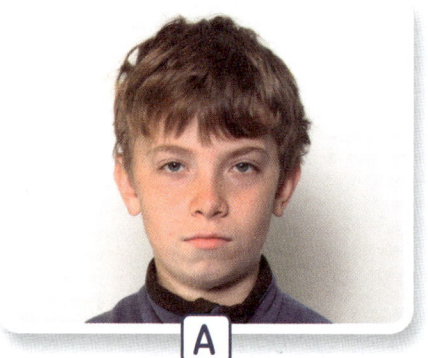

Jules est .... fatigué.

Laura est .... heureuse.

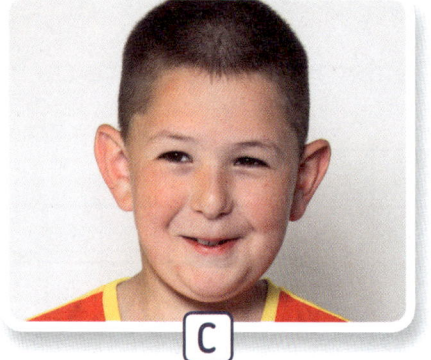

Michel est .... rigolo.

Lucie est .... triste.

Unité 1

3 J'écris une phrase au passé composé avec les mots proposés.

passer   Égypte   une semaine

....

Norvège   colonie de vacances   être

....

4 Je complète les phrases.

à   au   aux   en   à

- [A] J'ai passé tout l'été .... Tunisie chez ma grand-mère.
- [B] Mon frère a été .... États-Unis pour apprendre l'anglais.
- [C] Je n'ai jamais été .... La Réunion.
- [D] Ma meilleure amie est .... Tokyo. C'est .... Japon.

5 J'écoute et j'associe les dialogues aux photos.

Unité 1

6 Je lis les phrases et j'entoure la bonne réponse.

– Ce petit garçon a l'air super **rigolo / gentil**. Il donne une sucette à sa petite sœur.

– Mathieu est très **marrant / sympathique**. Il raconte des blagues très drôles.

– Victoire a l'air un peu **excitée / triste**. Elle pleure souvent.

– Vive les vacances ! Je suis très **excité / rigolo**. Je pars au Maroc demain !

– Marie a l'air vraiment **heureuse / gentille**. Elle a passé des vacances merveilleuses chez sa grand-mère.

7 J'écoute et je coche la bonne case.

	liaison	pas de liaison
Je vais en vacances à Paris.	☐	☐
J'ai été une semaine en Suisse.	☐	☐
J'ai passé deux semaines aux États-Unis.	☐	☐
Je pars en colonie de vacances en Espagne.	☐	☐
Mes amis vont au Cameroun en août.	☐	☐

8 Je transforme les phrases au passé composé.

A Je suis chez mes grands-parents pour deux semaines.

....

B Elle passe tous ses étés à la montagne.

....

C Vous dites bonjour à la maîtresse.

....

D Elle porte une belle robe bleue pour la fête.

....

Unité 1

9 Je complète avec *venir de* à la forme correcte.

A Nous .....venons..... Suisse. Nous habitons à Genève.

B Juan est équatorien. Il ...vient... Équateur.

C Vous avez vu les nouvelles ? Elles ...viennent de... Martinique. Elles sont dans notre classe.

D Nelson et Janeeza ...viennent... Angola et ils ont grandi à Lisbonne.

E Tu ...viens... des ... États-Unis mais tu habites en Angleterre.

10 J'écoute et j'entoure la bonne réponse.

Youssef vient (du Maroc) / de Maroc. Ses parents sont (marocains) / français. Il habite à (Casablanca) / (Agadir). Il parle (arabe) / français. Il apprend (l'arabe) / le français.

11 Je coche la forme correcte.

	j'habite au	j'habite aux	j'habite en
États-Unis		■	
France			■
Japon	■		
Cameroun	■		
Italie			■
Suisse			■
Émirats arabes unis		■	
Portugal	■		
Espagne			■

12 Je dis d'où je viens et où j'habite.

Unité 1

13 J'écoute et je réponds aux questions.

A Quelle est la nationalité de Marco ? ....

B Où habite Marco ? ....

C Quelles langues parlent Marco et sa maman ? ....

D D'où vient la maman de Marco ? ....

E Quelle langue apprend-il à l'école ? ....

14 J'écris quelle(s) langue(s) je parle et quelle(s) langue(s) j'apprends.

15 Je lis et je coche la bonne réponse.

Cette année, il y a un nouveau dans notre classe. Il s'appelle Jonathan. Il vient des États-Unis. Il n'a jamais été en France avant. Maintenant, il a de nouveaux amis en France mais il a toujours ses amis américains.
Il les appelle souvent pour prendre des nouvelles !

	vrai	faux
Il y a un nouveau dans la classe.	☐	☐
Jonathan a déjà été en France.	☐	☐
Il n'a pas d'amis aux États-Unis.	☐	☐
Il appelle souvent ses amis pour prendre des nouvelles.	☐	☐

Unité 1

16 Je complète le tableau et j'utilise les étiquettes pour faire des phrases.

	jamais	souvent	toujours
Manger de la salade.	☐	☐	☐
Voir des films américains.	☐	☐	☐
Dire bonjour.	☐	☐	☐
Parler français.	☐	☐	☐
Être triste.	☐	☐	☐
Penser à ses amis.	☐	☐	☐

A ....
B ....
C ....
D ....
E ....
F ....

17 J'écoute et j'entoure les liaisons.

1 Mon grand-père est italien.
2 Vous êtes français ?
3 Elles habitent à Paris.
4 Je vais à Madrid cet hiver.
5 Margot a un piano chez elle.
6 Mon ami vient de Suisse.

18 Je classe dans chaque nuage les liaisons précédentes.

[t]

[n]

[z]
2

onze 11

Unité 1

Les mots

19 Je mets les lettres dans le bon ordre et j'écris sous chaque image le mot correspondant.

ISERTT   NTTNCEEO   XÉICTE   EHRUEESU

....

20 Je relie avec les éléments possibles.

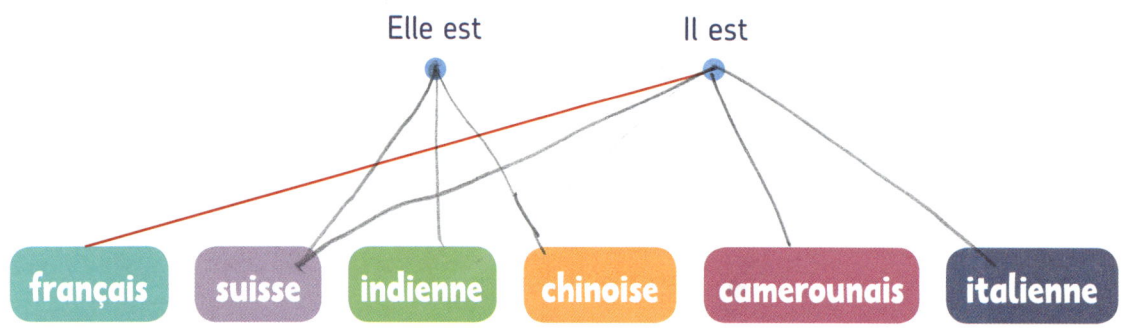

Elle est   Il est

français   suisse   indienne   chinoise   camerounais   italienne

21 J'associe les éléments et je complète les phrases.

Ils viennent du Maroc.   Il est italien. Elle est *italienne*
Ils viennent de Chine.   Il est chinois. Elle est *Chino*
Ils viennent du Cameroun.   Il est suisse. Elle est *Suisse*
Ils viennent de Suisse.   Il est marocain. Elle est *moroc*
Ils viennent des États-Unis.   Il est camerounais. Elle est ....
Ils viennent d'Italie.   Il est américain. Elle est ....

Unité 1

22 Je cherche les langues dans la grille.

W	J	A	P	O	N	A	I	S	A	W
N	P	N	T	R	A	D	F	O	M	C
X	Y	G	D	C	S	F	A	R	W	R
W	Q	L	H	S	H	Q	T	L	J	E
F	R	A	N	Ç	A	I	S	L	F	O
A	O	I	L	K	J	G	N	W	S	L
Q	T	S	F	W	M	F	W	O	R	E
S	W	H	X	H	E	T	A	I	I	F
I	T	A	L	I	E	N	S	U	W	S

- FRANÇAIS
- CRÉOLE
- ANGLAIS
- CHINOIS
- JAPONAIS
- ITALIEN

 23 J'écoute et je complète la chanson.

Vivent les nationalités ! Vive la diversité !

Kaori vient . . . .

C'est un très . . . . garçon.

Le papa de Mélissa est . . . .

Et il parle le . . . . et l' . . . .

Vivent les langues ! Vive la diversité !

Jean-Michel vient . . . .

Il parle . . . . à la maison.

La petite Stella est . . . .

Et, dans la classe, il y a aussi une . . . .

Vivent les pays ! Vive la diversité !

Unité 1

Mes progrès en français

24 Je remets le dialogue dans le bon ordre.

> Je m'appelle Paola. Je suis espagnole. Et toi ?

> J'habite à Londres. Je parle anglais et j'apprends le français à l'école.

> J'habite à Madrid. C'est la capitale de l'Espagne. Et toi ?

> Moi, je parle espagnol avec mon papa et français avec ma maman.

> Moi, c'est Cindy. Je viens d'Angleterre. Où habites-tu ?

Paola : *Je m'appelle Paola. Je suis espagnole. Et toi ?*

Cindy : ....

Paola : ....

Cindy : ....

Paola : ....

25 Je complète le tableau.

	Pas du tout	Un peu	Beaucoup
Je sais dire d'où je viens et ma nationalité.	☐	☐	☐
Je sais exprimer mes impressions.	☐	☐	☐
Je peux décrire le caractère de quelqu'un.	☐	☐	☐
Je sais exprimer mes sentiments.	☐	☐	☐
Je sais dire les langues que je parle.	☐	☐	☐

26 Je fais une enquête et je présente un camarade à la classe.

Nom : .... Prénom : ....

A D'où viens-tu ? ....

B Où est-ce que tu habites ? ....

C Quelles langues est-ce que tu parles ? ....

Je découvre

Les différentes manières d'écrire

27 J'observe.

28 J'associe les étiquettes aux images.

le japonais   l'arabe   l'anglais   le français

29 J'associe les manières d'écrire aux images.

A De haut en bas (ou de droite à gauche).

B De gauche à droite.

C De droite à gauche.

quinze 15

Unité 2

 1 J'écoute et je coche les photos correspondant aux dialogues.

2 Je trouve la description correspondant à la photo.

A	B	C
C'est le piton de la Fournaise. C'est un beau volcan qui se trouve sur l'île de La Réunion.	C'est un bel étang. Il y a beaucoup d'arbres verts tout autour de cet étang.	C'est une belle plage de sable fin. La mer est calme et transparente.

Unité 2

3 Je colle la photo d'un paysage qui me plaît et je décris ce paysage.

4 J'écoute et je choisis la bonne réponse.

Rémi habite → un chalet / une maison   qui est au bord de la → mer. / montagne.

Il pêche des poissons dans → la mer. / l'étang.

À côté de l'étang, il y a → un volcan. / une forêt.

5 J'écris des phrases comme dans l'exemple.

A C'est une maison. Elle est au bord de la mer.
C'est une maison qui est au bord de la mer.

B C'est un chalet. Il est à la montagne.
C'est un chalet. Il qui a la montags

C C'est un pays. Il est en Afrique.
C'est un pay. Il qui en afrique

D C'est un paysage. Il est magnifique.
C'est un Paysage. Il qui magnifique

dix-sept 17

Unité 2

6 Je transforme les phrases avec le pronom donné.

A J'ai reçu une lettre de mon correspondant.

Nous ....

B Il raconte qu'il y a un volcan sur son île.

Ils ....

C Il décrit ses habitudes.

Ils ....

D Tu vas répondre et raconter tes loisirs.

Vous ....

7 Je lis et j'entoure les mots corrects.

École Saint-Exupéry, Saint-Paul   École Anatole-France, Paris
À Saint-Paul, le 30 septembre

Bonjour,
    Nous sommes les anciens camarades de Jean-Michel qui est le **nouveau / nouvel / nouvelle** élève de votre classe. Nous vous écrivons de notre île, La Réunion. Vous connaissez ?
    Notre île est un département de la France qui est **devant / à côté de / derrière** l'Afrique. Notre école s'appelle Saint-Exupéry, elle est à Saint-Paul. À côté de notre école, il y a une plage très **beau / bel / belle**.
    La montagne est très grande et on a un **vieux / vieille** volcan. Il y a aussi un **beau / bel / belle** étang d'eau **doux / douce** et une cascade d'eau **frais / fraîche**, c'est très **beau / bel / belle** ! Et vous, comment est votre ville ?
    Vous êtes invités à venir visiter notre île.

À bientôt.

8 J'écris trois mots avec le son [k] et trois mots avec le son [g].

[k] : ....

[g] : ....

zoom 2

Unité 2

9 J'écoute et j'entoure les personnages décrits.

10 Je colle une photo de moi et je me décris physiquement.

....
....
....
....
....
....
....

11 J'écoute et je coche la bonne réponse.

	vrai	faux
Tous les samedis, Louis se lève tard.	☐	☒
Il joue rarement avec son ami Olivier.	☐	☐
Il a toujours beaucoup de travail.	☐	☐
Il se couche très tard.	☐	☐
Le dimanche, il mange chez ses parents.	☐	☐

dix-neuf 19

Unité 2

12 Je fais une enquête auprès de mes camarades.

A · Dis quelque chose que tu fais de temps en temps.
B · Dis quelque chose que tu fais tous les jours.
C · Dis quelque chose que tu fais rarement.
D · Dis quelque chose que tu fais tôt le matin.
E · Dis quelque chose que tu fais tard le soir.

13 Je raconte mes habitudes.

14 Je conjugue les verbes au présent.

s'appeler · se promener · se reposer · se lever · se présenter

A · Tu .... sur la plage tous les dimanches.

B · Nous .... après une longue balade en forêt.

C · Ils .... rarement tôt.

D · J'écris une lettre à mon correspondant, je .... et je raconte mes habitudes.

E · Ton école .... l'école Saint-Exupéry.

Unité 2

15 Je complète avec la bonne terminaison.

ent ez s ons t ent

A Vous écriv....... un poème pour la fête des mères.

B Ils lis....... un magazine de cuisine.

C Tu écri....... une lettre à tes grands-parents.

D Elle li....... la lettre qu'elle a reçue.

E Nous lis....... un article de journal.

F Christelle et Marie écriv....... dans leur cahier.

16 J'entoure les nombres ordinaux et je les écris en chiffres.

troisième huit sept ième neuvième dix quatrième premier quatre sixième deux dixième

Troisième → 3ᵉ...

17 J'écoute et je classe les mots dans le tableau.

correspondant   grand   garçon   algue
beaucoup   guitare   lecture   cascade

[k]	[g]

Unité 2

Les mots

18 Je complète la grille avec les noms des continents.

Et toi, tu connais quels continents ?

19 J'associe les étiquettes aux personnages.

- Elle a les cheveux châtains.
- Elle a des cheveux longs.
- Elle est brune.
- Il a des taches de rousseur.
- Il a les cheveux bouclés.
- Elle a des cheveux courts.

A
B
C

- Il a les yeux bleus.
- Elle a les yeux bleus.
- Elle est petite.
- Il est roux.
- Elle est pâle.
- Elle a les yeux marron.

Unité 2

20 Je trouve la réponse aux devinettes.

A C'est un grand bâtiment où il y a plusieurs appartements. Il y a un rez-de-chaussée et plusieurs étages.

C'est un ➡ __ __ __ __ __ __ __ __.

B C'est une petite maison qui se trouve près d'une grande ville. Dans le quartier, toutes les maisons sont pareilles.

C'est un ➡ __ __ __ __ __ __ __.

C C'est une partie de la maison comme la cuisine, la chambre, le salon ou la salle de bains.

C'est une ➡ __ __ __ __ __.

D C'est une vieille maison à la campagne. Il y a des animaux : des poules, des moutons, des vaches,...

C'est une ➡ __ __ __ __ __.

21 J'écris le nom de chaque étage.

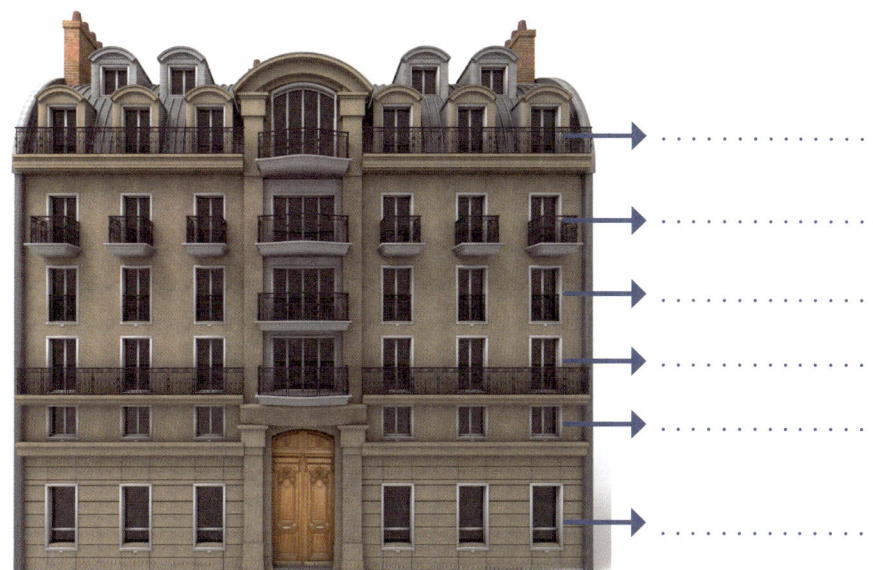

Unité 2

Mes progrès en français

 22 J'écoute et j'associe les phrases aux images.

23 Je complète le tableau.

	Pas du tout	Un peu	Beaucoup
Je sais décrire un paysage et l'habitat.	☐	☐	☐
Je suis capable de raconter mes habitudes.	☐	☐	☐
Je suis capable d'exprimer la fréquence.	☐	☐	☐
Je peux décrire physiquement quelqu'un.	☐	☐	☐
Je connais les nombres ordinaux.	☐	☐	☐
Je connais le nom des continents.	☐	☐	☐

24 Je dessine où j'habite et je décris l'endroit.

Je découvre

Les territoires de la France dans le monde

25 J'observe les images et j'associe les éléments.

Guadeloupe	Saint-Pierre-et-Miquelon	Mayotte
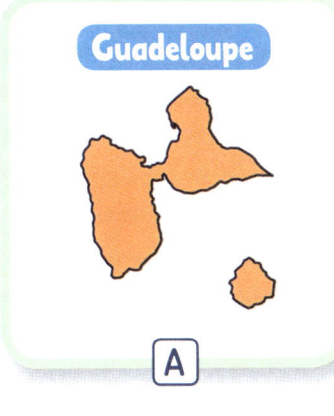	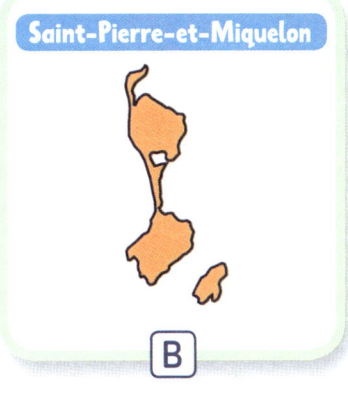	
A	B	C

Îles situées dans l'hémisphère nord.

Îles situées dans l'hémisphère sud.

Îles situées dans l'hémisphère nord, près de l'équateur.

26 J'associe les lieux aux descriptions.

Îles montagneuses recouvertes de forêt tropicale.

Îles rocheuses avec peu de végétation.

Îles avec de nombreux lagons et beaucoup de végétation.

Unité 3

 1 J'écoute et je complète le dialogue.

Journaliste : Bonjour, je suis un .... Tu peux répondre à l'interview .... je .... pour la radio locale et le journal de la ville ?

Victor : Bien sûr, monsieur.

J : Avec tes camarades, vous .... aujourd'hui un vide-grenier. .... ?

V : Eh ben ... c'est .... nous voulons .... un voyage à La Réunion.

J : Oh ! Et pourquoi .... - .... vous allez à La Réunion ?

V : Pour voir nos ...., les anciens camarades de Jean-Michel.

J : Jean-Michel, ... - .... ?

V : C'est un nouvel élève, il vient de La Réunion. Il est dans notre école cette année.

2 Je dis si c'est vrai ou faux. Je corrige si nécessaire.

	vrai	faux
Victor répond à une interview pour la télévision.	☐	☐
Les enfants organisent un vide-grenier pour aller au ski.	☐	☐
Ils veulent aller voir les nouveaux camarades de Jean-Michel.	☐	☐
Jean-Michel est dans l'école de Victor cette année.	☐	☐

3 Je complète les phrases avec *qui* ou *que*.

qui   que

A Jean-Michel est un garçon .... a habité à La Réunion.

B J'ai acheté une radio .... j'écoute dans ma chambre.

C Le journaliste interviewe les élèves .... organisent un vide-grenier.

D J'adore la chanson .... Mélissa chante.

E Le journal .... j'ai acheté ce matin coûte deux euros.

Unité 3

4 Je choisis un titre et j'écris un article pour le journal de l'école.

La présentation d'un nouvel élève.

Le vide-grenier de la classe.

....
....
....
....

5 Je complète avec le verbe *faire* au présent.

A Victor et ses camarades .... un vide-grenier pour partir en voyage.

B Le journaliste .... une interview pour la radio locale.

C Tu .... quoi cet après-midi ? Je .... des achats avec mes parents.

D Nous .... des gâteaux en forme de cœur pour l'anniversaire de ma sœur.

6 J'associe les éléments et je complète les phrases.

J'   •   • achètent ....

Tu   •   • achète ....

Il/Elle   •   • achètes ....

Nous   •   • achetez ....

Vous   •   • achetons ....

Ils/Elles •   • achète *un jeu de quilles pour jouer avec mes amis.*

vingt-sept 27

Unité 3

7 Je complète et je lis les phrases.

> quand — combien — où — parce que
> ça sert à (x2) — à quoi ça sert (x2) — ~~pourquoi~~ — ça coûte

A — ..*Pourquoi*.. tu n'écoutes pas la radio quand tu fais tes devoirs ?

— .... je ne peux pas me concentrer.

B — Ça coûte .... une trottinette ? .... ?

— .... trente euros et .... se déplacer.

C — .... est-ce que tu pars en voyage ? Et tu vas .... ?

— Je pars la semaine prochaine. Je vais en Italie voir mes grands-parents.

D — .... l'argent que vous gagnez aujourd'hui ?

— .... acheter nos billets pour aller à La Réunion et à acheter des cadeaux pour nos correspondants.

8 Je colorie les mots dans la grille.

A	R	T	I	C	L	E	I	E	B	A	E
F	A	G	N	X	P	I	U	H	L	F	M
D	D	H	T	R	I	O	W	Ç	O	F	I
A	I	Y	E	Q	S	Z	X	C	G	I	S
J	O	U	R	N	A	L	B	R	Y	C	S
X	A	M	N	I	U	E	R	K	P	H	I
T	E	L	E	V	I	S	I	O	N	E	O
Z	E	N	T	S	S	Ç	A	W	Q	E	N
Q	E	N	R	W	Z	R	E	A	K	Ç	O
A	W	S	S	Ç	I	P	O	L	Q	Ç	Y

- ~~ARTICLE~~
- RADIO
- BLOG
- ÉMISSION
- INTERNET
- TÉLÉVISION
- JOURNAL
- AFFICHE

zoom 2

Unité 3

9 J'écris le nom de plusieurs objets dans le tableau et je compare avec un camarade.

DES OBJETS CHERS	DES OBJETS PRATIQUES
....	....
....	....
....	....
....	....

10 J'écris des phrases avec les mots proposés.

A | un globe terrestre | en plastique | moins cher | vélo

Le globe terrestre en plastique de Mélissa est moins cher que le vélo.

B | livre | vendre | très utile | bon marché

....

C | rollers | plus chers | magazines

....

D | vouloir | jouets | acheter | pas chers

....

11 J'associe les éléments entre eux.

Qu'est-ce que Victor a acheté, hier ?   •   • J'ai vu l'émission à la télévision.

Où as-tu vu l'émission sur le tourisme ?   •   • J'ai écouté la chanson à la radio.

Qu'est-ce que tu as fait sur Internet ?   •   • Il a acheté un globe terrestre.

Où as-tu écouté cette chanson ?   •   • J'ai écrit un article sur mon blog.

Unité 3

 12 J'écoute et je coche quand j'entends une affirmation ou une question.

	affirmation	question
phrase 1	☐	☐
phrase 2	☐	☐
phrase 3	☐	☐
phrase 4	☐	☐
phrase 5	☐	☐
phrase 6	☐	☐
phrase 7	☐	☐
phrase 8	☐	☐

13 J'écoute et je complète la chanson.

Venez .... , on .... des poupées,
Un jeu de quilles et des marionnettes.
.... de garder tout ça ?
.... rien d'acheter tout ça.

.... acheter, je .... un robot,
Une raquette et une bouée ronde !
.... le ballon en plastique ?
C'est .... et c'est très utile !

.... , nous .... une radio,
Des vieux téléphones et une télévision.
C'est .... que l'ordinateur,
Si tu veux, je te .... les deux !

30 trente

14 Je lis le ticket de caisse de Victor et je réponds aux questions.

GRANDS ACHATS
Lanne-en-Barétous
75013 PARIS
***
Jeudi 14 novembre 2014

QTÉ	ARTICLE	PRIX
1	radio	13 €
1	téléphone	45 €
1	robot	9 €
1	bouée	6 €

TOTAL : 73 €

A Combien a dépensé Victor au total ?

....

B Qu'est-ce qui est le moins cher : le robot ou la bouée ?

....

C Combien coûte le téléphone acheté par Victor ?

....

D Je décris l'objet qui a coûté treize euros.

....

....

15 Je complète les phrases à l'aide des étiquettes.

vends   **achètent**   **achète**   **vendez**   **achetons**

A Mon père . . . . des rollers pas chers dans un magasin spécialisé.

B Nous . . . . des gâteaux et des crêpes pour notre goûter.

C Les chaussures que je . . . . servent à jouer au football.

D Ils . . . . des livres bon marché pour la bibliothèque de l'école.

E Vous . . . . des jouets peu pratiques et difficiles à utiliser.

16 J'écoute les réponses et j'écris les questions.

A Qui . . . . ?

B Pourquoi . . . . ?

C Combien . . . . ?

D À quoi . . . . ?

E D'où . . . . ?

trente et un 31

Unité 3

Les mots

17 Je complète les phrases à l'aide des étiquettes.

- blog
- émissions
- télévision
- émissions
- articles
- radio
- Internet
- magazine

A Tom adore écouter les .... de sport sur la .... de son portable.

B Léa aime lire les .... sur les animaux dans son .... préféré.

C Léa regarde des .... à la .... avec sa mère.

D Tom utilise .... pour mettre à jour son ....

18 J'associe mes réponses aux images correspondantes.

19 Je classe les objets dans la bonne colonne.

- une table
- un réveil
- une ardoise
- une radio
- une pièce de 50 centimes
- un globe terrestre
- une bouée
- un robot
- une règle
- une télévision
- un dé

	EN PLASTIQUE	EN MÉTAL	EN BOIS
■			
●			
▬			

20 Je lis les définitions, je devine les objets et je colle une photo.

C'est un objet rectangulaire et en métal. C'est très utile. Ça sert à se connecter à Internet, à lire des livres, à voir des films, à appeler quelqu'un, etc. C'est un peu cher.

C'est en plastique ou en métal. Ça sert à manger. C'est très pratique et très utile. Avec cet objet, on peut couper de la nourriture.

trente-trois

Unité 3

Mes progrès en français

21 J'écoute et j'associe les photos aux dialogues.

22 Je complète le tableau.

	Pas du tout	Un peu	Beaucoup
Je sais demander le prix d'un objet.	☐	☐	☐
Je connais les formes, couleurs et matières.	☐	☐	☐
Je sais caractériser un objet par son utilité.	☐	☐	☐
Je sais comparer des objets.	☐	☐	☐
Je connais le nom des différents médias.	☐	☐	☐
Je sais demander des informations.	☐	☐	☐

23 J'invente une devinette et je colle une photo.

Je découvre

Les objets d'aujourd'hui et d'autrefois

24 J'observe les images et j'associe les éléments.

| un cerf-volant | une ardoise | un fer à repasser |

A B C

25 J'associe les images aux descriptions.

C'est un objet ancien remplacé par un modèle électrique dans la plupart des pays du monde.

C'est un objet qui date de l'Antiquité, utilisé par les enfants et les adultes.

C'est un objet ancien, de plus en plus remplacé par des tablettes électroniques.

26 Je réponds aux questions.

A Connais-tu des objets anciens encore utilisés dans ta famille ?

B Pourquoi ces objets n'ont pas été remplacés par des objets plus modernes ?

C Choisis un objet ancien que tu utilises et décris cet objet à un camarade.

Unité 4

1 J'écoute et j'ordonne l'histoire.

D'ABORD •	• Ils disent les dialogues.
APRÈS •	• Ils saluent et sortent de scène.
ENSUITE •	• Les enfants s'installent.
PUIS •	• Les enfants entrent sur scène.
FINALEMENT •	• Le narrateur raconte le début du conte.

2 Je conjugue les verbes au passé composé.

Le roi et la reine .... **(décider)** d'avoir un enfant. Une belle princesse .... **(naître)** et ses parents .... **(organiser)** une fête. Ils .... **(inviter)** trois fées. Quand les fées .... **(arriver)**, elles .... **(offrir)** trois dons à la princesse. Mais la méchante sorcière .... **(jeter)** un sort. Elle .... **(dire)** à la princesse : « Tu vas mourir à l'âge de 18 ans ! » Et la princesse .... **(s'endormir)**. Mais un jour, le prince .... **(arriver)**, il .... **(embrasser)** la princesse et elle .... **(se réveiller)** !

3 J'écris ce que je pense du conte.

Unité 4

 4 J'écoute le conte et je réponds aux questions.

A Où était le Petit Volcan ? au Portugal   dans l'océan   dans l'école

....

B Pourquoi était-il triste ?

....

C Qu'est-ce qu'il a fait pour être aimé ?

....

....

D Comment se termine cette histoire ? Le volcan s'est endormi.   Le volcan s'est marié.

....

 5 J'écoute et je mets les images en ordre.

Unité 4

6 Je remets les étiquettes dans le bon ordre.

| réveillée | à | heures | ce | sept | s' | matin | Mélissa | . | est |

....

| arrivé | Victor | a | commencé | et | spectacle | est | . | le |

....

| méchante | jeté | princesse | à | la | . | sorcière | sort | La | un | a |

....

| Réunion | Jean-Michel | est | La | né | à | . |

....

7 J'écoute et je complète avec *m*, *n* ou *gn*.

__échant   __é   __onta____e   rei__e

u__io__   ai__er   ge__til   lo__gte__ps

ma____ifique   co__te   ga____er   pri__ce

8 J'écris ce que j'ai fait hier.

....
....
....
....
....

Unité 4

9 J'associe les étiquettes aux images et aux descriptions des contes.

La Belle au bois dormant   Le Petit Chaperon rouge

La méchante sorcière était jalouse et a jeté un sort à la belle princesse qui s'est endormie. Le prince doit embrasser la princesse pour qu'elle se réveille.

Une petite fille se promène dans les bois avec un panier rempli de nourriture pour sa grand-mère. Mais un méchant loup veut manger la petite fille.

10 Je mets l'histoire en ordre.

Le grand méchant loup est arrivé chez la grand-mère du Petit Chaperon rouge.

Il s'est allongé dans le petit lit de la grand-mère et il a attendu longtemps.

Il a vite caché la vieille dame dans une armoire.

Quand elle est arrivée, elle s'est assise à côté du lit.

Le grand méchant loup est arrivé chez la grand-mère du Petit Chaperon rouge.

Unité 4

11 Je transforme les phrases au passé composé.

	MAINTENANT	AVANT
A	Le prince arrive puis il embrasse la princesse.	Le prince est arrivé…
B	La princesse naît et le roi organise une fête.	
C	Le loup s'allonge sur le lit.	
D	La princesse s'endort et soudain se réveille.	
E	La petite fille s'assoit à côté du lit.	
F	Tout à coup le loup se lève.	

12 Je complète le texte avec les étiquettes.

puis | étais | c'était | pendant | il y avait
longtemps | soudain | Finalement | C'était | a été

De : Mélissa
À : Victor
Objet : Le dentiste.

Bonjour Victor,

Hier matin, ... le jour de mon rendez-vous chez le dentiste. J'ai pris un bus avec ma mère, ... on a marché .... dix minutes. Quand je suis arrivée, ... beaucoup de monde. J'ai attendu .... et j'.............. un peu nerveuse mais .... c'était mon tour. ...., le dentiste .... très gentil et il m'a offert une sucette en cadeau. .... bien cette visite ! À demain,

Mélissa

Unité 4

13 Je complète les phrases.

| c'était | était | il y avait |

A .... la rentrée des classes, Mélissa .... très excitée.

B Dans la pièce de théâtre, ... beaucoup de personnages.

C Le personnage du chasseur .... gentil et aimable.

D Victor .... nerveux, ... le jour de l'examen.

E Dans le panier du Petit Chaperon rouge, ... un pot de miel, un gros fromage et une bonne galette.

14 J'associe les éléments entre eux.

Le loup avait de grandes... • • ...yeux, mais la princesse l'a embrassé.

Le roi s'est marié avec une très gentille... • • ...oreilles, mais il était très gentil.

La princesse s'est endormie parce que la méchante... • • ...reine et ils ont organisé une fête.

Le petit éléphant avait de grandes... • • ...dents pour bien manger le Petit Chaperon rouge.

Le crapaud était très laid, il avait de grands... • • ...sorcière a jeté un sort.

15 J'écris trois mots avec le son [m], trois mots avec le son [n] et trois mots avec le son [ɲ].

[m] maître

[n] reine

[ɲ] chignon

....

....

....

quarante et un 41

Unité 4

Les mots

16 J'écris des phrases avec les mots proposés.

fées   donner   princesse

....

prince   arriver   embrasser   princesse

....

Petit Chaperon rouge   s'asseoir   lit   grand-mère

....

17 Je trouve les mots et je complète les phrases.

AIMABLE   MÉCHANTE   CRUEL   GENTILLE

A Le loup a caché la grand-mère du Petit Chaperon rouge dans l'armoire pour tromper l'héroïne.

Il était __ __ __ __ __

B Le chasseur a aidé le Petit Chaperon rouge et sa grand-mère.

Il était __ __ __ __ __ __ __

C Le Petit Chaperon rouge a pensé que le Loup était sa grand-mère.

Elle était __ __ __ __ __ __ __ __

D La grand-mère a cru le Loup et l'a laissé entrer chez elle.

Elle n'était pas __ __ __ __ __ __ __ __

Unité 4

18 Je complète la grille avec les personnages du conte.

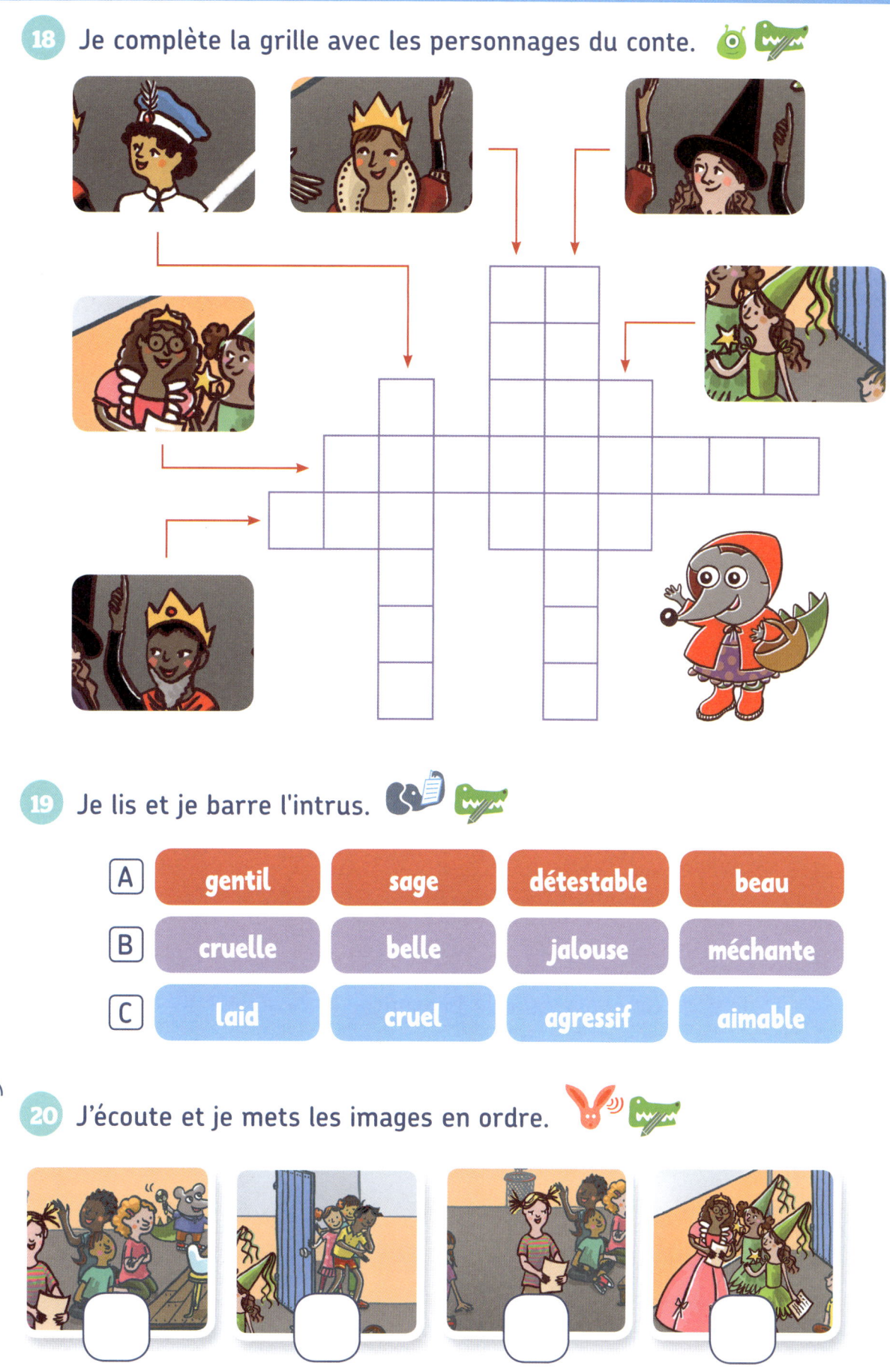

19 Je lis et je barre l'intrus.

A | gentil | sage | détestable | beau
B | cruelle | belle | jalouse | méchante
C | laid | cruel | agressif | aimable

20 J'écoute et je mets les images en ordre.

quarante-trois 43

Mes progrès en français

Unité 4

21 Je choisis une image et je la décris.

22 Je complète le tableau.

	Pas du tout	Un peu	Beaucoup
Je peux raconter une histoire au passé.	☐	☐	☐
Je sais décrire le caractère de quelqu'un.	☐	☐	☐
Je sais structurer un récit.	☐	☐	☐
Je peux utiliser le passé composé.	☐	☐	☐
Je suis capable de raconter des contes.	☐	☐	☐

23 Je crée un conte et je le présente.

Je découvre

Les contes

24 J'observe les images.

A

B

C

D

25 J'associe les images aux étiquettes.

- Le Vilain Petit Canard
- Blanche-Neige
- Le Dragon et le Phénix
- Peter Pan

- personnage
- animal réel
- animal fantastique

26 Je réponds aux questions.

A Connais-tu un conte avec un animal fantastique ? Si oui, lequel ?

B Compare-le avec les animaux des images.

Unité 5

 1 J'écoute et je coche les consignes à respecter pour prendre l'avion.

	consignes à respecter
Il faut attacher votre ceinture de sécurité.	☐
Il faut prendre des photos pendant le décollage.	☐
Il ne faut pas éteindre votre téléphone portable.	☐
Il ne faut pas écouter de musique pendant l'atterrissage.	☐
Il faut mettre vos sacs dans les coffres à bagages.	☐

2 J'associe les consignes de sécurité aux images.

A Il faut éteindre son téléphone portable.
B Il faut attacher sa ceinture de sécurité.
C Il ne faut pas écouter de musique.
D Il ne faut pas prendre de photos.

3 J'écris les consignes de l'activité précédente avec *devoir*.

A Je dois...
B Tu...
C ....
D ....

46 quarante-six

Unité 5

4 J'écris un ordre avec les mots proposés.

A | devoir | passeport | avoir

Pour prendre l'avion, tu dois avoir ton passeport.

B | il faut | bagages | préparer

....

C | ranger | devoir | appareil photo

....

D | attacher | il faut | ceinture

....

5 Je retrouve les mots et je complète les phrases.

| TAVNA | DPNNTAE | SAÈRP |

....

A J'attache ma ceinture de sécurité .... le décollage.

B Je n'écoute pas de musique .... l'atterrissage.

C Je vais chercher mes bagages .... l'atterrissage.

6 Je complète les phrases.

| Comment | Où |

A .... allez-vous au Canada ? Nous allons au Canada en avion.

B .... pars-tu en vacances ? Je pars au Mexique.

C .... habite Louis ? Il habite à Paris.

D .... va-t-elle à l'école ? Elle va à l'école à vélo.

quarante-sept 47

Unité 5

7 J'entoure les verbes au futur proche.

A Je ~~vais prendre~~ l'avion.
B Nous allons en vacances à La Réunion.
C Tu vas préparer tes bagages.
D Ils vont partir en vacances.
E Elle va à Paris en train.
F Vous allez visiter un parc naturel.

Je vais partir en voyage !

8 Je conjugue les verbes au futur proche.

A Lucie *va aller* (aller) deux semaines au Canada.
B Vous .... (partir) en vacances au Cameroun.
C Cet été, je .... (prendre) l'avion pour la première fois.
D Avec notre classe, nous .... (organiser) une kermesse à l'école.
E On .... (rencontrer) les amis de Jean-Michel.
F Ils .... (préparer) une pièce de théâtre pour notre arrivée.

9 J'écoute et je classe les mots dans le tableau.

	[œ]	[ø]		[œ]	[ø]
mot 1	✗		mot 6		
mot 2			mot 7		
mot 3			mot 8		
mot 4			mot 9		
mot 5			mot 10		

Unité 5

 10 J'écoute et je corrige les phrases.

A Mathieu va à Paris passer ses vacances.

. . . .

B Mathieu ne va pas dormir dans l'avion.

. . . .

C Il ne faut pas prendre de lotion anti-moustiques pour partir à Biarritz.

. . . .

D Il faut de la crème solaire pour aller à la plage.

. . . .

11 Je lis le texte et je souligne les recommandations.

AVIS CONTRE LA DENGUE

Si vous partez en vacances dans certaines régions de la France d'outre-mer, comme la Guadeloupe, la Polynésie française, la Réunion, etc., vous devez faire attention aux moustiques : ils peuvent transmettre la dengue.

La dengue est une infection transmise par une piqûre de moustique. Les symptômes sont : de la fièvre, des maux de tête, des douleurs dans tout le corps et une grande fatigue. Si vous avez ces symptômes, il faut consulter votre médecin.

Pour éviter cette infection, vous devez appliquer sur votre corps et sur vos vêtements des lotions anti-moustiques, le matin avant de sortir et le soir avant de vous coucher, pendant toute la durée de vos vacances.

Unité 5

12 Je transforme ces phrases en recommandations.

A Tu désinfectes ta blessure. → *Tu dois désinfecter ta blessure.*

B Vous attachez votre ceinture. → ....

C Ils prennent une trousse à pharmacie. → ....

D J'éteins mon ordinateur. → ....

E Nous mettons de la crème solaire → ....

F Elle se protège avec de la lotion anti-moustiques. → ....

....

13 Je complète les phrases.

| avant | pendant | après |

A .... d'aller à la plage, il faut mettre de la crème solaire.

B .... le vol, on peut écouter de la musique et prendre des photos.

C Si tu as de la fièvre .... une piqûre de moustique, il faut consulter ton médecin.

D .... mon voyage à La Réunion, j'ai pris beaucoup de photos.

14 J'associe les éléments pour faire une phrase.

Si je me blesse...   •   •   ...je dois prendre du sirop contre la toux.

Si j'ai de la fièvre...   •   •   ...je dois prendre une trousse à pharmacie.

Si j'ai mal à la gorge...   •   •   ...je dois demander un médicament à un adulte.

Si j'ai mal au ventre...   •   •   ...je dois utiliser du désinfectant et un pansement.

Si je voyage...   •   •   ...je dois prendre ma température.

Unité 5

15 Je complète les phrases à l'aide des images.

| A | 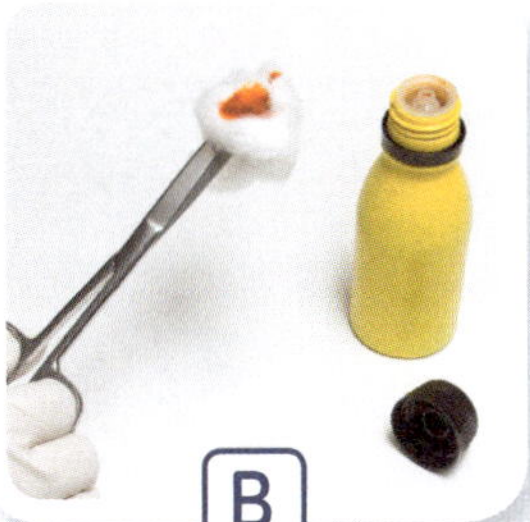 B | C |  D |

- [D] Si tu as de la fièvre, → tu dois appeler le médecin.
- [ ] Si vous allez à la plage, → ....
- [ ] Si elle se blesse, → ....
- [ ] S'ils prennent l'avion, → ....

16 J'écoute et je colorie le son [ø].

feu   cœur   pneu   bœuf
deux   alors   œuf   neuf
horloge   jeu   déjeuner

17 J'écoute et j'entoure les mots avec le son [œ].

heure   bœuf   veulent
mieux   œil   peut
                         beurre
cœur   monsieur   jeux

cinquante et un 51

Unité 5

Les mots

18 J'écris les mots qui correspondent aux photos.

Nouveau message

Supprimer — Répondre — Rép. à tous — Réexpédier — Imprimer

Avant de partir en voyage, j'ai préparé ma ....

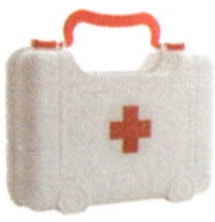

Si j'ai mal à la gorge, j'ai du  .... Si je me blesse,

j'ai du .... et des ....

J'ai aussi un .... pour prendre ma température.

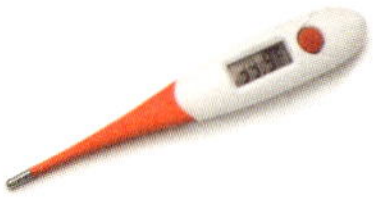

Si j'ai mal au ventre, j'ai quelques ....

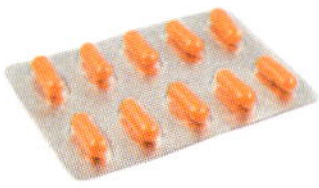

En route pour les vacances !

---

19 Je barre l'intrus.

A | une salle d'embarquement | un passeport | une gare routière | un hall d'aéroport

B | une gare | un bateau | des passagers | un billet de train

C | un bus | des bagages | un avion | une gare routière

52 cinquante-deux

Unité 5

20 J'associe les mots aux photos.

- un aéroport
- une station de métro
- une gare
- un arrêt d'autobus
- un parc de stationnement
- un port

....

....

21 Je réponds aux devinettes.

SOPERTASP   **RIANT**   **PORIS**

A   Je suis un moyen de transport. Je roule sur des rails et je vais très vite.

C'est un ➔ ___ ___ ___ ___ ___ .

B   Je suis un médicament. On me prend quand on a mal à la gorge.

C'est un ➔ ___ ___ ___ ___ ___ .

C   Je suis un objet. Il faut me présenter à la douane avant de pouvoir monter dans

l'avion. C'est un ➔ ___ ___ ___ ___ ___ ___ ___ ___ ___ .

cinquante-trois 53

Unité 5

Mes progrès en français

22 Je fais une enquête auprès de mes camarades.

- A Où pars-tu en vacances ?
- B Comment vas-tu en vacances ?
- C Que fais-tu avant de partir en vacances ?
- D Que fais-tu pendant tes vacances ?
- E Que fais-tu après tes vacances ?

23 Je complète le tableau.

	Pas du tout	Un peu	Beaucoup
Je peux donner des ordres.	☐	☐	☐
Je peux donner des conseils.	☐	☐	☐
Je sais donner des recommandations.	☐	☐	☐
Je comprends les consignes de sécurité.	☐	☐	☐
Je connais le vocabulaire de la santé.	☐	☐	☐
Je connais le vocabulaire du voyage.	☐	☐	☐

24 Je fais des recommandations à un ami qui va prendre l'avion pour la première fois.

De :
À :
Objet :

Je découvre

Les cartes pour découvrir le monde

25 J'observe et je compare les pays.

A

B

C

D

26 Je situe ces pays sur le planisphère.

27 Je classe les pays du plus grand au plus petit et du plus connu au moins connu.

....

....

28 Mon pays est-il plus grand ou plus petit que la France ? Plus connu ou moins connu ?

....

....

Unité 6

zoom 1

1 Je lis les devinettes, je trouve le métier et je relie au dessin correspondant.

A Il étudie les volcans. Il vérifie l'activité du volcan et signale quand il se réveille.

C'est le ➝ _ _ _ _ _ _ _ _ _ _ _ _ _ _ _ .

B Il accompagne des groupes en visite. Il connaît tous les chemins pour se promener.

C'est le ➝ _ _ _ _ _ _ _ _ _ _ _ _ _ _ _ _ _ _ .

2 Je complète le tableau avec des noms d'objets. Je compare avec un camarade.

DES OBJETS BRUYANTS	DES OBJETS SILENCIEUX
....	....
....	....
....	....
....	....

3 Je barre l'intrus.

A	je monterai	tu expliqueras	nous avons été	vous finirez
B	elle écrit	on sera	vous partirez	il aura
C	tu iras	je vais aller	nous observerons	vous ferez
D	nous partirons	il était	ils expliqueront	elles auront

Unité 6

4 J'écris les phrases à la forme négative.

A) Il **reste** du temps + ne ... plus

....

B) Quand le volcan est en activité, nous **montons** avec des groupes + ne ... jamais

....

C) Parfois, les touristes **respectent** les plantes et les animaux + ni ... ni

....

D) Quand ma combinaison est abîmée, elle **peut** me protéger de la chaleur + ne ... plus

....

E) J'**aime** les tomates et les carottes + ni ... ni

....

5 J'écris des phrases en utilisant l'expression *ni...ni*.

Tu — aimer — la marche — la chaleur

Tu n'aimes ni la marche ni la chaleur.

Le volcan — être — bruyant — en activité

....

Il y a — danger — risque

....

Ils — avoir peur — des moustiques — des araignées

....

Unité 6

6 J'écoute et je souligne la bonne réponse.

Marie n'est...

| ni volcanologue ni guide. | ni guide ni maîtresse. | ni maîtresse ni volcanologue. |

Elle connaît par cœur la montagne. Elle...

| ne peut pas se perdre. | se perd de temps en temps. | se perd tout le temps. |

Elle est très courageuse.

| Elle a peur de tout. | Rien ne lui fait peur. | Les touristes lui font peur. |

7 Je complète le message avec ces verbes au futur simple.

| observer | partir | expliquer | monter | accompagner | finir |

De : Mélissa

À : maman

Objet : Re : Nouvelles de La Réunion !

Coucou maman,

Nous sommes bien arrivés à La Réunion.

Les paysages sont magnifiques ! Demain, nous .... au sommet du piton de la Fournaise. C'est un volcan ! Un guide nous .... et un volcanologue nous .... comment fonctionne un volcan.

Nous .... la journée avec une biologiste.

Nous .... à la découverte de la faune et de la flore de l'île.

On .... la nature.

Bisous,

Mélissa.

Unité 6

8 J'écoute et je corrige en réécrivant les phrases.

A L'étude des volcans est plus importante que l'étude de la biologie.

....

B On connaît moins la faune que la flore.

....

C Les éruptions volcaniques sont aussi nombreuses qu'avant.

....

D Il y a autant de volcanologues que de biologistes à La Réunion.

....

9 J'observe le tableau et j'écris des phrases.

	plus... que	moins... que	autant... que	aussi... que
Christophe – grand – Laura	X			
La Réunion – polluée – la France		X		
Le guide – connaître – forêt – volcan			X	
Les enfants – contents – le maître				X
Paris – bruyant – Saint-Paul	X			
La biologiste – connaître – faune – flore			X	

Christophe est plus grand que Laura.

Unité 6

10 Je complète les phrases avec la bonne expression.

| à cause de | à cause des | grâce à la | grâce au | grâce aux |

A On respecte l'environnement . . . . recyclage des déchets.

B On détruit la nature . . . . déchets que les promeneurs jettent par terre.

C On peut mieux observer la nature . . . . panneaux d'information.

D On connaît bien la faune et la flore . . . . biologie.

E On tousse plus . . . . la pollution.

11 J'associe les phrases entre elles.

Si je ferme le robinet ...   • • ... je respecterai la nature.

Si je recycle le papier...   • • ... j'économiserai de l'électricité.

Si j'éteins la lumière ...   • • ... je ne polluerai pas l'environnement.

Si je jette mes déchets ...   • • ... je protégerai la flore.

Si je ne cueille pas les fleurs...   • • ... j'économiserai de l'eau.

 12 J'écoute la poésie et j'entoure le son [j].

À l'arrivée du sol(ei)l,
la nature se réveille.
La gentille Camille,
se lève et s'habille,
puis la petite fille,
salue sa famille.

Elle entend une abeille,
volant près de son oreille.
Elle prend son crayon
et, sur une grande feuille,
elle dessine une chenille,
qui devient un papillon.

13 J'écris le texte au futur.

> Je suis biologiste. J'étudie la faune et la flore. Je protège les animaux du parc national de La Réunion. J'accompagne des touristes et nous observons la nature. Nous nous promenons dans la forêt avec un guide de montagne.

Dans quelques années, je ....

....

....

....

....

14 Je remets les phrases dans l'ordre.

| tousse | . | à cause de | On | pollution | plus | ville | en | la |

....

| n'est | promeneurs | , | rien | risquent | Si | volcan | . | les |
| ne | le | plus | activité | en |

....

....

 15 J'écoute et je colorie les mots où j'entends le son [j].

tranquille   pollution   fille
biologiste   MAILLOT   ville
feuille   papillon   crayon   RÉVEILLÉ

Unité 6

Les mots

16 J'écoute et je coche les bonnes images.

17 J'écris trois actions que je peux faire en vacances pour protéger la planète.

1 ....
2 ....
3 ....

18 Je trouve cinq mots contenant le son [j].

[j]

....
....
....

Unité 6

19 Je relie chaque étiquette à l'image.

un arbre   une fougère   une biologiste   un papillon   un volcan

une fleur   un hérisson   une poubelle   un oiseau

20 Je colle une photo dans chaque case et j'écris le nom correspondant aux images.

un arbre   un animal   une fleur

un insecte   un oiseau   une fougère

soixante-trois 63

Unité 6

Mes progrès en français

21 Avec un camarade, je regarde l'image et j'écris un dialogue entre les deux personnages.

Alexis : ....

Estelle : ....

Alexis : ....

Estelle : ....

22 Je complète le tableau.

	Pas du tout	Un peu	Beaucoup
Je suis capable de parler de l'avenir.	☐	☐	☐
Je sais dire ce que je dois faire.	☐	☐	☐
Je peux faire des phrases négatives.	☐	☐	☐
Je sais conjuguer au futur simple.	☐	☐	☐
Je peux utiliser les comparatifs.	☐	☐	☐
Je connais les métiers liés à l'environnement.	☐	☐	☐

23 Je dis le métier que je veux faire plus tard et je décris ce métier.

Je découvre

La diversité et la protection de l'environnement

24 J'observe.

l'ours polaire

la tortue marine

l'albatros

le tigre sibérien

25 Je dis quels sont les dangers pour ces animaux.

la chasse

la déforestation

les changements climatiques

la pollution

Glossaire

Unité 1 : Le nouveau

amusant(e)		un élève	
content(e)		le maître	
excité(e)		jamais	✚ ✚ ✚
fâché(e)		peu	✚ ✚ ✚
gentil(le)		souvent	✚ ✚ ✚
heureux, heureuse		toujours	✚ ✚ ✚
rigolo(te)		un peu	
sympathique		très	
timide		super	
triste		vraiment	
quelques langues	anglais, arabe, chinois, créole, espagnol, français, hindi, italien, japonais, portugais		
quelques nationalités	Américain, Anglais, Brésilien, Camerounais, Chinois, Espagnol, Français, Indien, Italien, Japonais, Marocain, Portugais, Suisse		
quelques pays	Angleterre, Brésil, Cameroun, Chine, Espagne, États-Unis, France, Inde, Italie, Japon, Maroc, Portugal, Suisse		

Glossaire

Unité 2 : La lettre de nos correspondants

bronzé(e)		un étang	
pâle		un désert	
un grain de beauté		une forêt	
des taches de rousseur		une montagne	
des yeux bridés		une plage	
des yeux en amande		un volcan	
des cheveux courts et frisés		un appartement	
des cheveux longs et raides		une ferme	
blond(e)		un immeuble	
brun(e)		une pièce	
roux, rousse		un pavillon	
les nombres ordinaux		premier/ère, deuxième, troisième, quatrième, cinquième, sixième, septième, huitième, neuvième, dixième	
les étages d'un bâtiment		le rez-de-chaussée, le premier étage, le deuxième étage, le troisième étage, le quatrième étage, le dernier étage	

soixante-sept 67

Glossaire

Unité 3 : Le vide-grenier

un article de presse		une trottinette	
un journal		en bois et carré	
un magazine		en carton et rectangulaire	
une radio		en métal et en forme de cœur	
une tablette		en plastique et rond	
un téléphone		des acheteurs	
une télévision		un balayeur	
un ordinateur		un cameraman	
une bouée		un journaliste	
un jeu de quilles		un photographe	
une marionnette		des policiers	
une raquette		des promeneurs	
des rollers		des vendeurs	

68 soixante-huit

Glossaire

Unité 4 : Au pays des merveilles...

une baguette		le loup	
une fée		le Petit Chaperon rouge	
un metteur en scène		avoir de grandes dents	
un prince		avoir de grandes oreilles	
une princesse		avoir de grands yeux	
une reine		une chorale	
un roi		répéter une pièce de théâtre	
une sorcière		l'introduction	d'abord
le chasseur		le nœud	ensuite, puis, après
la grand-mère		le dénouement	enfin, finalement
il était...	agressif, aimable, beau, cruel, détestable, dur, jaloux, gentil, laid, méchant		
elle était...	agressive, aimable, belle, cruelle, détestable, dure, jalouse, gentille, laide, méchante		
les adverbes de temps	longtemps, pendant, soudain, tout à coup		

soixante-neuf

Glossaire

Unité 5 : Le départ

un autocar		de la lotion anti-moustiques	
un avion		des médicaments	
un bateau		des pansements	
un train		du sirop	
un aéroport		un thermomètre	
un arrêt d'autobus		une trousse à pharmacie	
une gare		l'atterrissage	
un port		le décollage	
un parc de stationnement		aller chercher ses bagages	
une station de métro		attacher sa ceinture	
de la crème solaire		éteindre son téléphone	
du désinfectant		ne pas écouter de musique	
des gants en latex		ne pas faire de photos	

Glossaire

Unité 6 : Au parc naturel

une biologiste		un arbre	
un guide de montagne		une branche	
un moniteur		un caméléon	
un randonneur		une cascade	
un volcanologue avec son casque		une fougère	
un seau		un hérisson	
la faune		un lézard	
la flore		un oiseau	
bruyant(e)		un panneau d'information	
calme		un papillon	
pollué(e)		une plante	
respectueux, respectueuse		le sommet du volcan	
des acccesoires de randonnée	un chapeau / une casquette, des chaussures de marche, une gourde, un sac à dos, une carte, une boussole, un bâton		

soixante et onze 71

Auteurs
Claire Quesney, María Roig Escurís, Manuela Ferreira Pinto

Révision pédagogique
Philippe Liria, Lourdes Muñiz

Coordination éditoriale et rédaction
Lourdes Muñiz

Correction
Laetitia Riou

Illustrations
Marie-Laure Béchet, Laurianne López, Mangas Verdes

Reportages photographiques
García Ortega, Jean-François Moulière

Conception graphique, mise en page et couverture
Laurianne López, Luis Luján, Aleix Tormo

Enregistrements
Coordination : Lourdes Muñiz

Musique
Pol Wagner

Locuteurs
Carla Addi, Laetitia Addi, Noa Addi, Mateo Caballero, Katia Coppola, Isabelle Dejean, Anton Fernández Dejean, Eulogio Fernández, Loris Fernández Dejean, Estelle Foullon, Marie Jan, Aurélie Muns, Pau Ridameya Jan, Victoria Ridameya Jan

Remerciements
Pour les reportages photographiques, nous tenons à remercier les élèves de la classe de CP/CE1 (2011-2012), les enfants du centre de loisirs de l'école Pierre Loti à Bourg-la-Reine, leurs parents, la municipalité, le personnel enseignant et le personnel communal.

Couverture : Marie-Laure Béchet ;
Unité 1 p. 6 García Ortega, p. 7 Photo Passion/Fotolia.com, jerome berquez/Fotolia.com, Tyler Olson/Fotolia.com, García Ortega, p. 15 contrastwerkstatt/Fotolia.com, hanazono3/Fotolia.com, Maridav/Fotolia.com, Keith Wheatley/Fotolia.com ; Unité 2 p. 16 Beboy/Fotolia.com, Béatrice Prève/Fotolia.com, nestonik/Fotolia.com, Keller/Fotolia.com, Frog 974/Fotolia.com, p. 19 Prod. Numérik/Fotolia.com, niky002/Fotolia.com, García Ortega, p. 21 García Ortega, p. 22 gabisteffen/Fotolia.com, p. 23 Patleem/Fotolia.com, Cathy Kovarik/Fotolia.com, Angel Simon/Fotolia.com, Toutenphoton/Fotolia.com, Franck Boston/Fotolia.com, p. 24 García Ortega, p. 25 _olivierH/Fotolia.com, mwanasimba/Fotolia.com, Dussauj/Fotolia.com ; Unité 3 p. 27 Jean-François Moulière, García Ortega, p. 32 Eléonore H/Fotolia.com, p. 34 García Ortega, p. 35 aleciccotelli/Fotolia.com, solterote/Fotolia.com, Livii Androni/Fotolia.com ; Unité 4 p. 37 García Ortega, Laurianne López, p. 39 Claudia Paulussen/Fotolia.com, Alexey Rozhanovsky/Fotolia.com, p. 44 Claudia Paulussen/Fotolia.com, Elena Schweitzer/Fotolia.com, p. 45 Springoz/Dreamstime, jpldesigns/Fotolia.com, Murdock2013/Dreamstime.com, Regisser.com/Fotolia.com ; Unité 5 p. 46 Brad Pict/Fotolia.com, andròmina/Fotolia.com, teracreonte/Fotolia.com, T. Michel/Fotolia.com, p. 49 jeremie78/Fotolia.com, p. 51 Gabriele Maltinti/Fotolia.com, jpmora/Fotolia.com, philippe Devanne/Fotolia.com, apops/Fotolia.com, p. 52 dibas99/Fotolia.com, vectomart/Fotolia.com, jpmora/Fotolia.com, Stockerteam/Fotolia.com, red2000/Fotolia.com, Tjommy/Fotolia.com, p. 53 Aygül Bulté/Fotolia.com, Dimitri Surkov/Fotolia.com, Taina Sohlman/Fotolia.com, HappyAlex/Fotolia.com, dade72/Fotolia.com, 06photo/Fotolia.com, p. 55 Floki Fotos/Fotolia.com, artalis/Fotolia.com, pavalena/Fotolia.com, Floki Fotos/Fotolia.com ; Unité 6 p. 60 alexfiodorov/Fotolia.com, Ziablik/Fotolia.com, p. 65 Vladimir Melnik/Fotolia.com, doethion/Fotolia.com, BernardBreton/Fotolia.com, Angelika Bentin/Fotolia.com, schlag/Fotolia.com, ondrej83/Fotolia.com, honzakrej/Fotolia.com, sablin/Fotolia.com ; Glossaire illustré p. 67 García Ortega, PAO joke/Fotolia.com, bst2012/Fotolia.com, Frog 974/Fotolia.com, Béatrice Prève/Fotolia.com, Keller/Fotolia.com, Prod. Numérik/Fotolia.com, Beboy/Fotolia.com, Tiberius Gracchus/Fotolia.com, Cathy Kovarik/Fotolia.com, Toutenphoton/Fotolia.com, Angel Simon/Fotolia.com, Patleem/Fotolia.com, p. 68 blamb/istockphoto.com, Africa Studio/Fotolia.com, Claudia Paulussen/Fotolia.com, wolfelarry/Fotolia.com, Peter Atkins/Fotolia.com, pioneer/Fotolia.com, Janina Dierks/Fotolia.com, Rangizzz/Fotolia.com, picsfive/Fotolia.com, p. 70 th-photo/Fotolia.com, peshkova/Fotolia.com, Masyanya/Fotolia.com, Aygul Bulté/Fotolia.com, Taina Sohlman/Fotolia.com, louisjoseph/Fotolia.com, Dimitri Surkov/Fotolia.com, 06photo/Fotolia.com, dade72/Fotolia.com, Anne DEL SOCORRO/IStockPhoto.com, jpmora/Fotolia.com, scphoto48/Fotolia.com, WimL/Fotolia.com, jeremie78/Fotolia.com, Tjommy/Fotolia.com, Stockerteam/Fotolia.com, vectomart/Fotolia.com, red2000/Fotolia.com, dibas99/Fotolia.com, teracreonte/Fotolia.com, andròmina/Fotolia.com, teracreonte/Fotolia.com, Brad Pict/Fotolia.com, T. Michel/Fotolia.com, p. 71 skampixel/Fotolia.com, Jessmine/Fotolia.com, Taiga/Fotolia.com, Paty Wingrove/Fotolia.com

N.B. : Toutes les photographies provenant de www.flickr.com sont soumises à une licence Creative Commons (Paternité 2.0 et 3.0).

Toutes les ressources sonores provenant de www.freesound.org et www.universal-soundbank.com sont soumises à une licence de Creative Commons Sampling Plus 1.0.
Tous les textes et documents de cet ouvrage ont fait l'objet d'une autorisation préalable de reproduction. Malgré nos efforts, il nous a été impossible de trouver les ayants droit de certaines œuvres. Leurs droits sont réservés à Difusión, S. L. Nous vous remercions de bien vouloir nous signaler toute erreur ou omission ; nous y remédierions dans la prochaine édition. Les sites Internet référencés peuvent avoir fait l'objet de changement. Notre maison d'édition décline toute responsabilité concernant d'éventuels changements. En aucun cas, nous ne pourrons être tenus pour responsables des contenus de liens vers des tiers à partir des sites indiqués. Toute reproduction d'un extrait quelconque de ce livre, par quelque procédé que ce soit, et notamment par photocopie ou microfilm, est strictement interdite.

© Difusión, Centre de Recherche et de Publications de Langues, S.L., 2013

ISBN : 978-84-15640-33-2
Dépôt légal : B 22250-2013
Réimpression : janvier 2018
Imprimé dans l'UE

www.emdl.fr